Impressum
Verlag: BABADADA GmbH, Nedderfeld 112 , 22529 Hamburg
Geschäftsführer / Verlagsleitung: Harald Hof
Druck: Books on Demand GmbH, In de Tarpen 42, 22848 Norderstedt

Imprint
Publisher: BABADADA GmbH, Nedderfeld 112 , 22529 Hamburg, Germany
Managing Director / Publishing direction: Harald Hof
Print: Books on Demand GmbH, In de Tarpen 42, 22848 Norderstedt, Germany

делити
böl

186/2

учиона
sınıf

плоча
tahta

наставник
öğretmen

папир
kağıt

писати
yazmak

хемијска оловка
kalem

писаћи сто
masa

лењир
cetvel

књига
kitap

торба

okul çantası

перница

kalemlik

графитна оловка

kurşun kalem

шиљило за оловке

kalem açacağı

гумица за брисање

silgi

блок за цртање

çizim defteri

цртеж

çizim

кист

resim fırçası

кутија са бојама

boya kutusu

маказе

makas

лепило

tutkal

бележница

alıştırma kitabı

домаћи задатак

ödev

број

sayı

сабирати

ekle

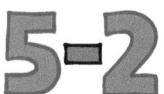

одузимати

çıkar

множити

çarp

рачунати

hesapla

слово

harf

абецеда

alfabe

hello

реч

kelime

**текст**

metin

**читати**

okumak

**креда**

tebeşir

**час**

ders

**дневник**

kayıt

**испит**

sınav

**сведочанство**

sertifika

**школска униформа**

okul forması

**образовање**

eğitim

**лексикон**

ansiklopedi

**универзитет**

üniversite

**микроскоп**

mikroskop

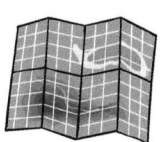

**карта**

harita

**кошара за папир**

kağıt çöp kutusu

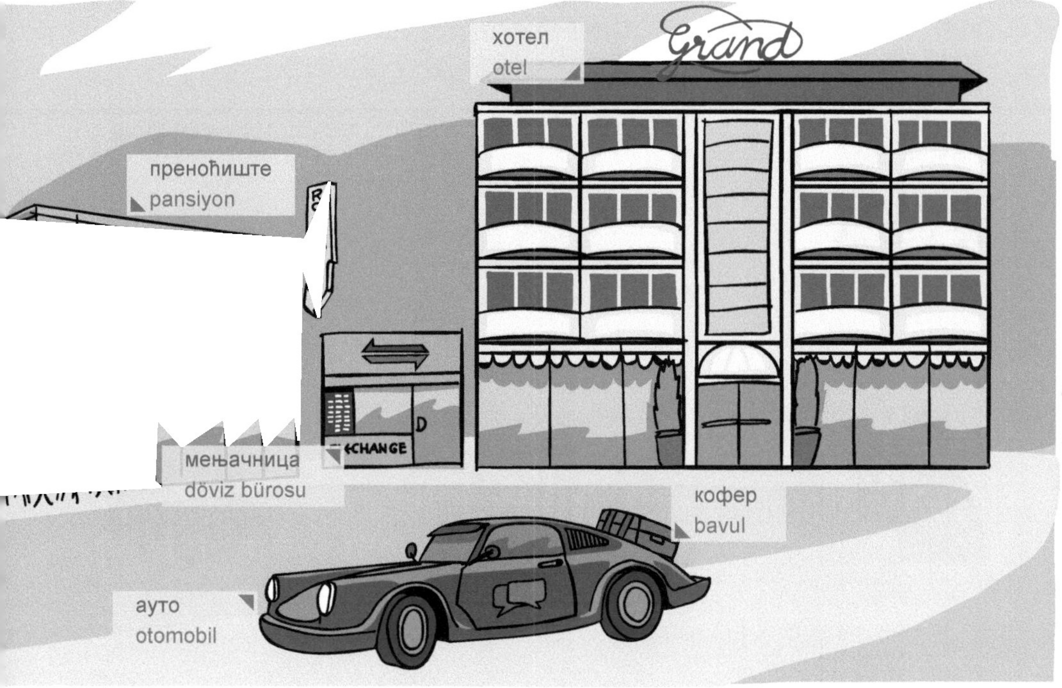

Grand
хотел
otel
преноћиште
pansiyon
мењачница
döviz bürosu
кофер
bavul
ауто
otomobil

језик

dil

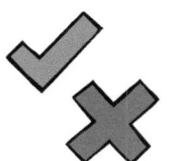

да / не

evet / hayır

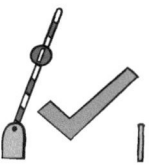

океј

Tamam

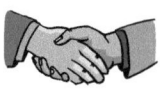

здраво

merhaba

преводилац

çevirmen

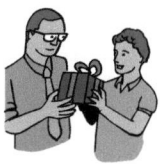

хвала

Teşekkür ederim

Колико кошта...?

bu ... ne kadar?

не разумем

anlamadım

проблем

problem

добро вече!

İyi akşamlar!

Добро јутро!

Günaydın!

Лаку ноћ!

İyi geceler!

довиђења

güle güle

смер

yön

пртљага

bagaj

торба

çanta

руксак

sırt çantası

гост

misafir

соба

oda

врећа за спавање

uyku tulumu

шатор

çadır

туристичке информације
turist danışma

плажа
sahil

кредитна картица
kredi kartı

доручак
kahvaltı

ручак
öğle yemeği

вечера
akşam yemeği

карта за вожњу
Bilet

лифт
asansör

поштанска маркица
pul

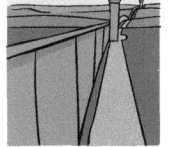

граница
sınır

царина
gümrük

амбасада
elçilik

виза
vize

пасош
pasaport

авион
uçak

брод
gemi

ватрогасно возило
yangın söndürme pompası

аутобус
otobüs

теретно возило
kamyon

моторни чамац
motorlu tekne

бицикл
bisiklet

ауто
otomobil

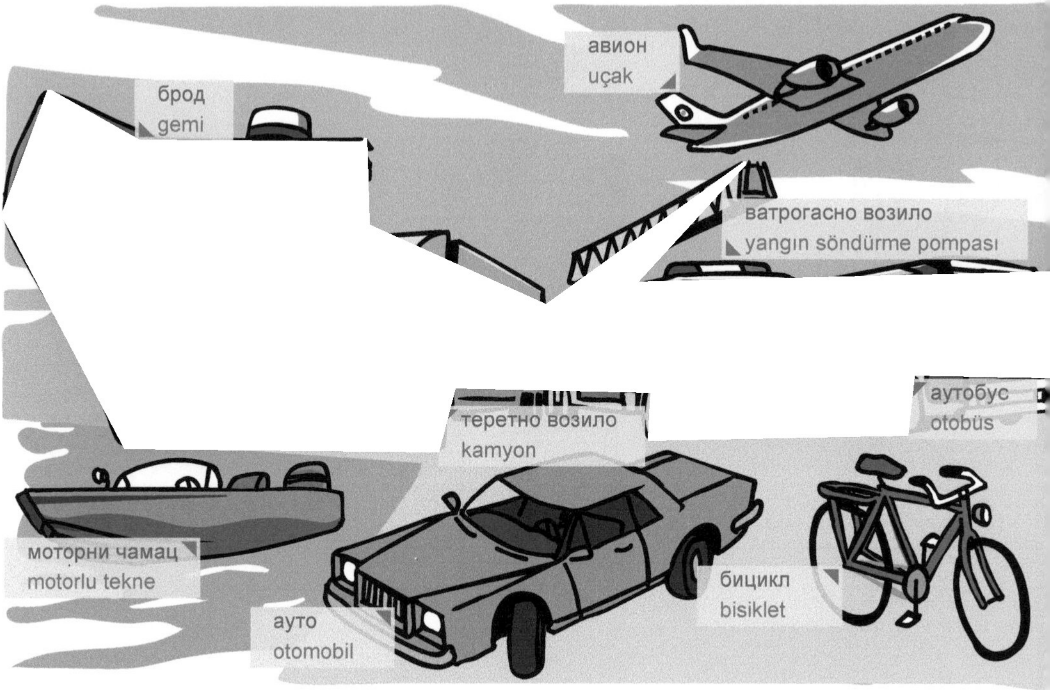

трајект

feribot

чамац

bot

мотоцикл

motosiklet

полицијски ауто

polis arabası

тркаћи ауто

yarış arabası

изнајмљено ауто

kiralık araba

дељење аутомобила

ortak araba

вучно возило

çekici

возило за одвоз смећа

çöp kamyonu

мотор

motor

бензин

yakıt

бензинска станица

benzinlik

саобраћајни знак

trafik işareti

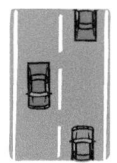

саобраћај

trafik

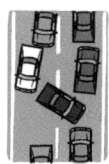

застој

trafik sıkışıklığı

паркиралиште

otopark

железничка станица

tren istasyonu

шине

ray

воз

tren

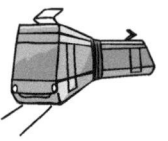

трамвај

tramvay

вагон

vagon

хеликоптер

helikopter

аеродром

havaalanı

кула

kule

путник

yolcu

контејнер

konteyner

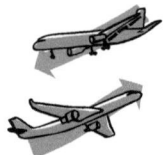

картон

koli

колица

yük arabası

корпа

sepet

узлетети / слетети

kalkış / iniş

село

köy

центар града

şehir merkezi

кућа

ev

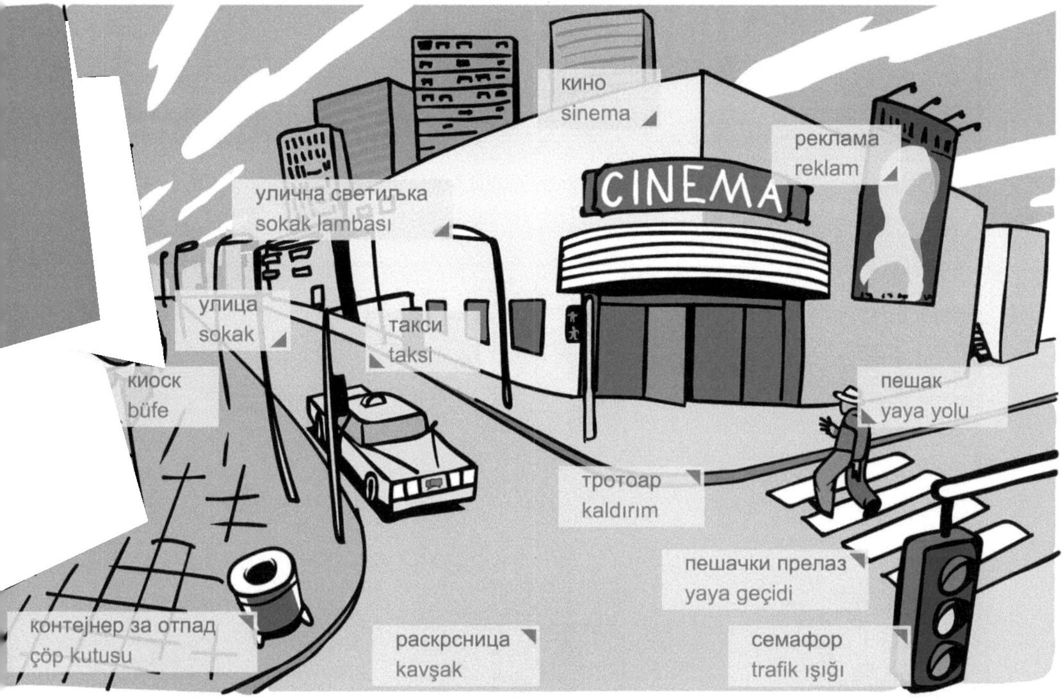
кино
sinema
реклама
reklam
CINEMA
улична светиљка
sokak lambası
улица
sokak
такси
taksi
киоск
büfe
пешак
yaya yolu
тротоар
kaldırım
пешачки прелаз
yaya geçidi
контејнер за отпад
çöp kutusu
раскрсница
kavşak
семафор
trafik ışığı

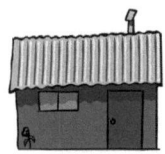

колиба

kulübe

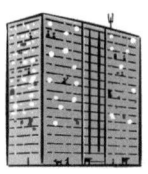

стан

apartman dairesi

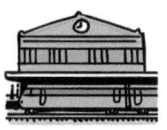

железничка станица

tren istasyonu

већница

belediye binası

MUSEUM

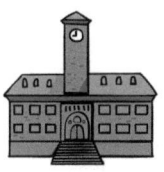

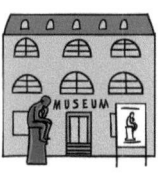

музеј

müze

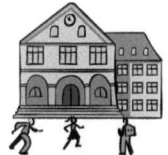

школа

okul

универзитет

üniversite

банка

banka

болница

hastane

хотел

otel

апотека

eczane

канцеларија

ofis

књижара

kitapçı

продавница

mağaza

цвећара

çiçekçi

супермаркет

süpermarket

трг

market

робна кућа

büyük mağaza

рибарница

balık satıcısı

трговачки центар

alışveriş merkezi

лука

liman

парк
park

клупа
bank

мост
köprü

степенице
merdiven

подземна железница
metro

тунел
tünel

аутобуска станица
otobüs durağı

бар
bar

ресторан
restoran

поштанско сандуче
posta kutusu

улични знак
sokak tabelası

паркирни аутомат
otopark sayacı

зоолошки врт
hayvanat bahçesi

базен
yüzme havuzu

џамија
cami

сеоско газдинство
çiftlik

загађење околине
kirlilik

гробље
mezarlık

црква
kilise

игралиште
oyun alanı

храм
tapınak

## arazi

лист
yaprak

путоказ
yön tabelası

пут
yol

ливада
çayır

камен
taş

шетач
yürüyüşçü

дрво
ağaç

река
ırmak

трава
çimen

цвет
çiçek

долина
vadi

планина
tepe

језеро
göl

шума
orman

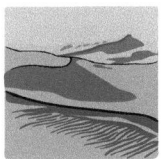

пустиња
çöl

вулкан
volkan

дворац
kale

дуга
gökkuşağı

гљива
mantar

палма
palmiye

москито
sivrisinek

мува
sinek

мрав
karınca

пчела
arı

паук
örümcek

буба

böcek

жаба

kurbağa

веверица

sincap

јеж

kirpi

зец

yabani tavşan

сова

baykuş

птица

kuş

лабуд

kuğu

дивља свиња

yaban domuzu

јелен

geyik

лос

geyik

насип

baraj

ветрењача

rüzgar türbini

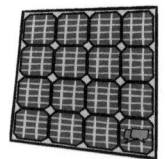

соларна плоча

güneş paneli

клима

iklim

конобар
garson

јеловник
menü

столица
sandalye

супа
çorba

пица
pizza

столњак
masa örtüsü

прибор за јело
çatal - bıçak

предјело
başlangıç

главно јело
ana yemek

десерт
tatlı

напитци
içecekler

јело
yemek

флаша
şişe

брза храна

fastfood

имбис храна

sokak yemeği

чајник

çaydanlık

доза за шећер

şekerlik

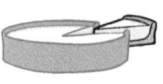

порција

porsiyon

апарат за еспресо

espresso makinesi

висока столица

mama sandalyesi

рачун

fatura

послужавник

tepsi

нож

bıçak

виљушка

çatal

кашика

kaşık

чајна кашика

çay kaşığı

салвета

servis peçetesi

чаша

bardak

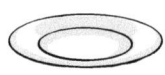

тањир

tabak

тањир за супу

çorba kasesi

тањирић

fincan altlığı

сос

sos

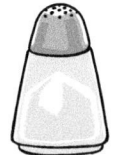

сољенка

tuzluk

млин за бибер

karabiber değirmeni

сирће

sirke

уље

yağ

зачини

baharat

кечап

ketçap

сенф

hardal

мајонеза

mayonez

# süpermarket

понуда
özel teklif
FOR
купац
müşteri
млечни производи
süt ürünleri
воће
meyve
колица за куповину
alışveriş arabası


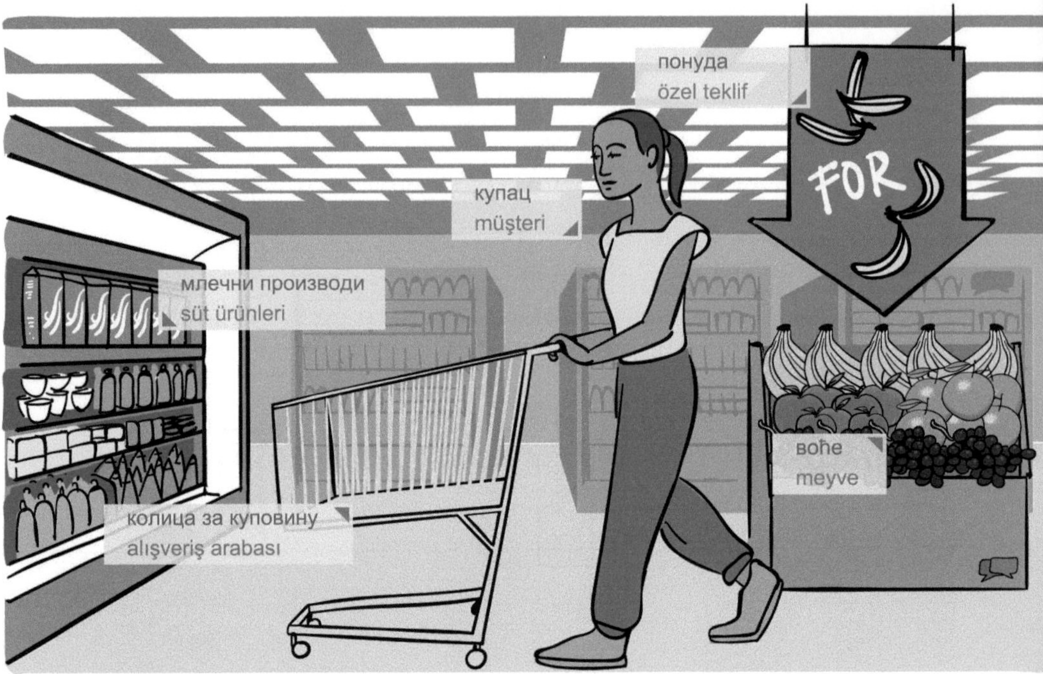

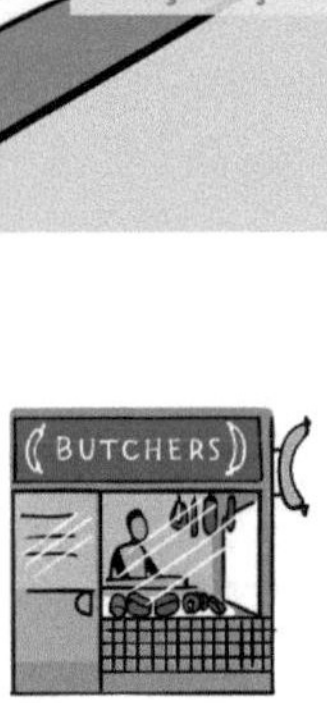

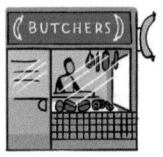

BUTCHERS


месница

kasap

BAKERY


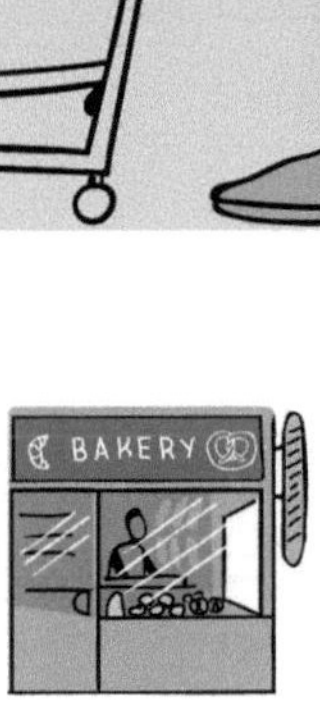

пекара

fırın

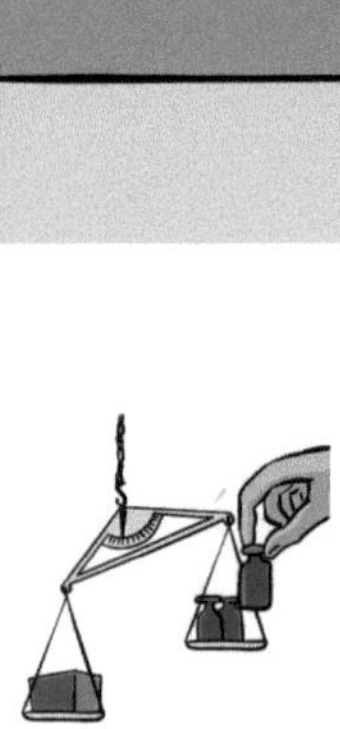

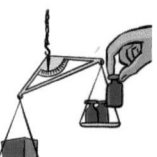

вагати

tartmak

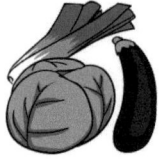

поврће

sebze

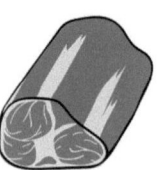

месо

et

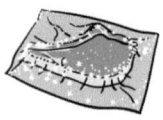

смрзнута храна

donmuş gıda

нарезак

söğüş et

конзерве

konserve yiyecek

средство за прање

toz deterjan

слаткиши

şekerlemeler

артикли за домаћинство

ev temizlik ürünleri

средства за чишћење

temizlik ürünleri

продавачица

satış görevlisi

благајна

yazar kasa

благајник

kasiyer

листа за куповину

alışveriş listesi

време рада

açılış saatleri

новчаник

cüzdan

кредитна картица

kredi kartı

торба

çanta

пластична кеса

plastik poşet

вода
su

сок
meyve suyu

млеко
süt

кола
kola

вино
şarap

пиво
bira

алкохол
alkol

какао
kakao

чај
çay

кава
kahve

еспресо
espresso

капућино
kapuçino

банана

muz

jабука

elma

наранџа

portakal

лубеница

kavun

лимун

limon

шаргарепа

havuç

бели лук

sarımsak

бамбус

bambu

лук

soğan

гљива

mantar

орашасти плодови

çerez

резанци

makarna

шпагете

spagetti

рижа

pirinç

салата

salata

помфрит

cips

печени крумпир

patates kızartması

пица

pizza

хамбургер

hamburger

сендвич

sandviç

шницла

şinitzel

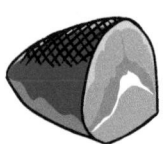

шунка

pastırma

салама

salam

кобасица

sosis

кокош

tavuk

печење

rosto

риба

balık

зобене пахуљице

yulaf ezmesi

мусли

müsli

кукурузне пахуљице

mısır gevreği

брашно

un

кроасан

kruvasan

пециво

küçük ekmek

хлеб

ekmek

тоаст

tost

кекси

bisküvi

маслац

tereyağı

свежи сир

kaymak

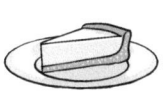

колач

kek

jaje

yumurta

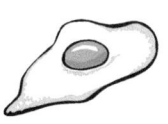

jaje на око

sahanda yumurta

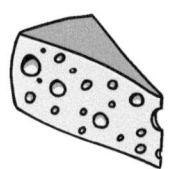

сир

peynir

jeло - yemek

**сладолед**

dondurma

**шећер**

şeker

**мед**

bal

**мармелада**

reçel

**нугат крема**

fındık ezmesi

**кари**

köri

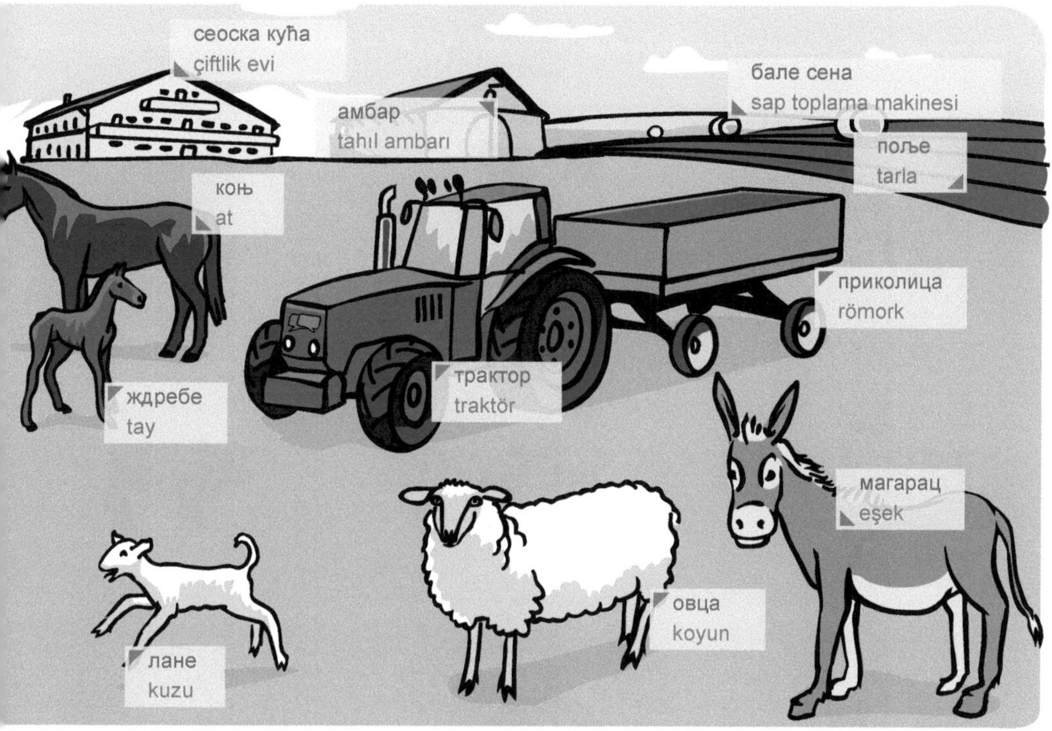

сеоска кућа
çiftlik evi

амбар
tahıl ambarı

бале сена
sap toplama makinesi

поље
tarla

коњ
at

приколица
römork

трактор
traktör

ждребе
tay

магарац
eşek

овца
koyun

лане
kuzu

коза
keçi

крава
inek

теле
buzağı

свиња
domuz

прасе
domuz yavrusu

бик
boğa

гуска

kaz

патка

ördek

пилићи

civciv

кокош

tavuk

петао

horoz

пацов

sıçan

мачка

kedi

миш

fare

во

öküz

пас

köpek

кућица за пса

köpek kulübesi

вртно црево

bahçe hortumu

канта за поливање

sulama kabı

коса

tırpan

плуг

pulluk

срп
orak

мотика
çapa

виљушка за ђубриво
dirgen

секира
balta

тачке
el arabası

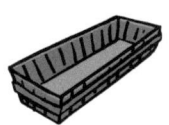

корито
yemlik

посуда за млеко
süt kovası

врећа
çuval

ограда
çit

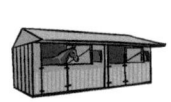

штала
ahır

стакленик
sera

земља
toprak

семе
tohum

ђубриво
gübre

комбајн
biçerdöver

жети
............
hasat etmek

жетва
............
harman

јамс зачин
............
tatlı patates

пшеница
............
buğday

соја
............
soya

крумпир
............
patates

кукуруз
............
mısır

уљана репица
............
kolza

воћка
............
meyve ağacı

гомољ маниоке
............
manyok

житарице
............
hububat

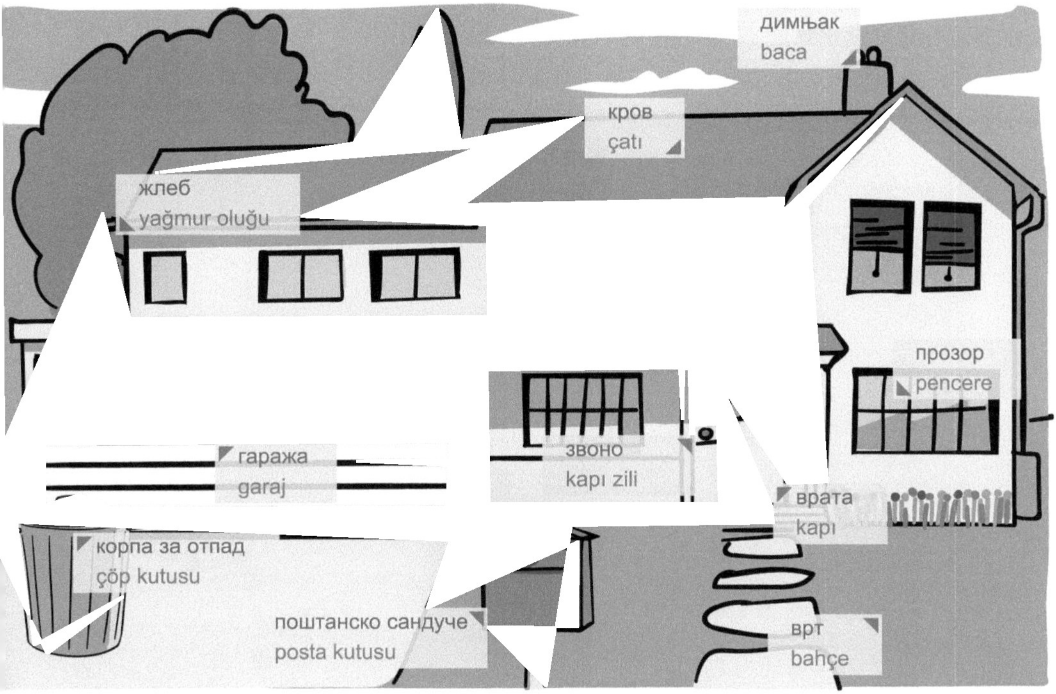

димњак
baca

кров
çatı

жлеб
yağmur oluğu

прозор
pencere

гаража
garaj

звоно
kapı zili

врата
kapı

корпа за отпад
çöp kutusu

поштанско сандуче
posta kutusu

врт
bahçe

дневна соба

oturma odası

купаоница

banyo

кухиња

mutfak

спаваћа соба

yatak odası

дечија соба

çocuk odası

трпезарија

yemek odası

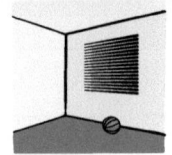

под

zemin

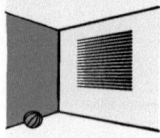

зид

duvar

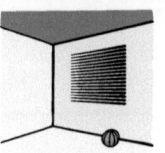

строп

tavan

подрум

kiler

сауна

sauna

балкон

balkon

тераса

teras

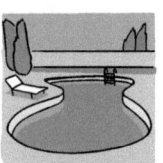

базен

havuz

косилица за траву

çim biçme makinesi

постељина за кревет

çarşaf

дека за кревет

yatak örtüsü

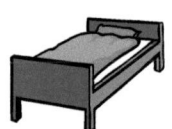

кревет

yatak

метла

süpürge

канта

kova

прекидач

anahtar

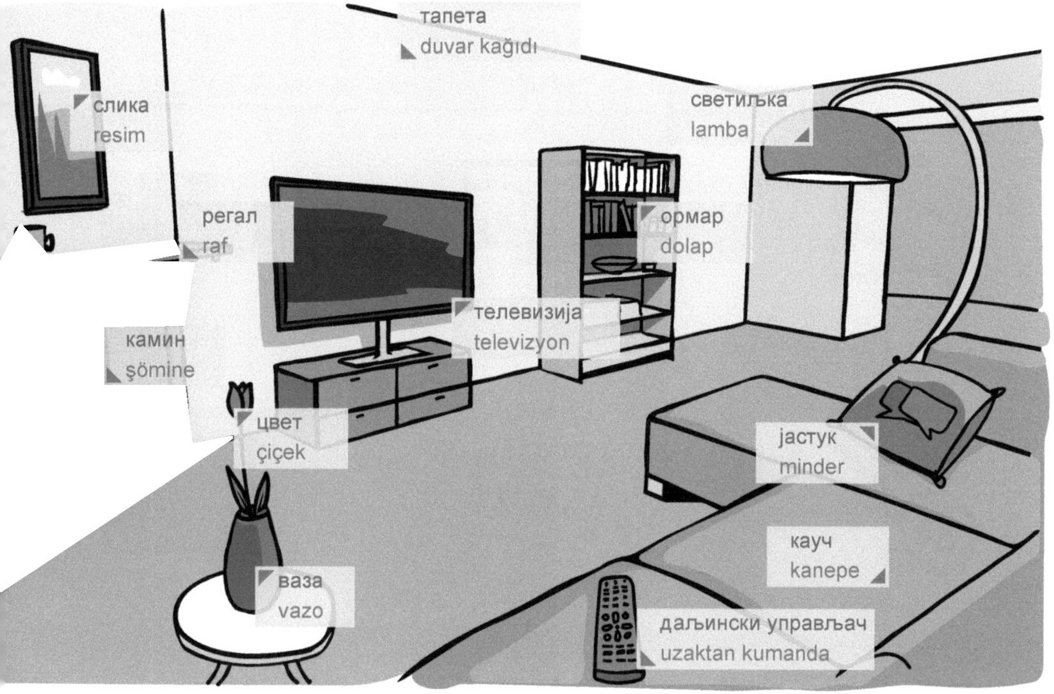

тапета
duvar kağıdı

слика
resim

светиљка
lamba

регал
raf

ормар
dolap

камин
şömine

телевизија
televizyon

цвет
çiçek

јастук
minder

кауч
kanepe

ваза
vazo

даљински управљач
uzaktan kumanda

тепих
halı

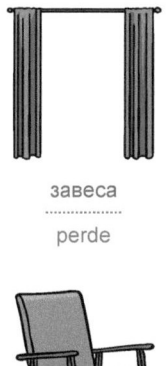

завеса
perde

сто
masa

столица
sandalye

столица за њихање
salıncaklı koltuk

фотеља
koltuk

књига

kitap

дека

battaniye

декорација

dekor

дрво за огрев

odun

филм

film

хи-фи уређај

hi-fi

кључ

anahtar

новине

gazete

слика на платну

tablo

постер

poster

радио

radyo

блок за писање

defter

усисивач

elektrikli süpürge

кактус

kaktüs

свећа

mum

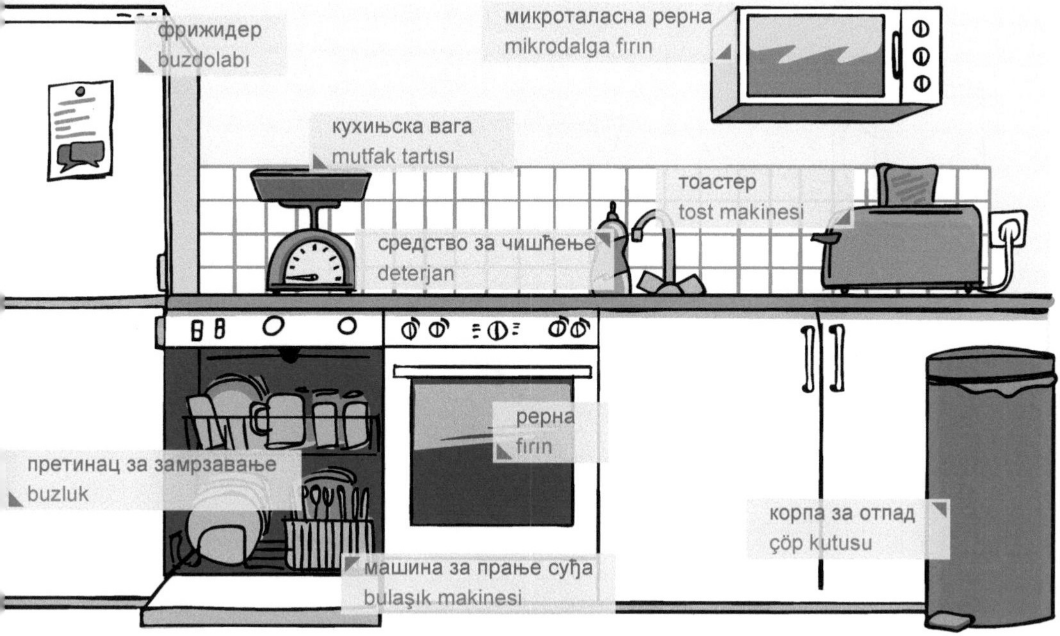

фрижидер
buzdolabı

микроталасна рерна
mikrodalga fırın

кухињска вага
mutfak tartısı

тоастер
tost makinesi

средство за чишћење
deterjan

рерна
fırın

претинац за замрзавање
buzluk

корпа за отпад
çöp kutusu

машина за прање суђа
bulaşık makinesi

шпорет
ocak

лонац
tencere

гвоздени лонац
döküm tencere

вок / кадаи
wok

тава
tava

кувало за воду
su ısıtıcı

кувало на пару

buharlı pişirici

лим за печење

pişirme tepsisi

посуђе

tabak takımı

чаша

kupa

посуда

kase

штапићи за јело

çubuk (çin yemeği)

кутлача

kepçe

лопатица

spatula

пењача

çırpma teli

сито за кување

süzgeç

сито

elek

рибеж

rende

мужар

havan

роштиљ

barbekü

огњиште

açık ateş

даска
kesme tahtası

оклагија
merdane

вадичеп
tirbüşon

конзерва
konserve kutusu

отварач конзерви
konserve açacağı

крпа за лонац
fırın eldiveni

судопер
evye

четка
fırça

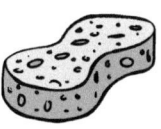

сунђер
sünger

миксер
blender

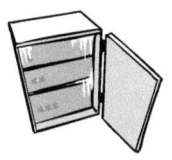

замрзивач
derin dondurucu

флашица за бебе
biberon

славина за воду
musluk

кухиња - mutfak

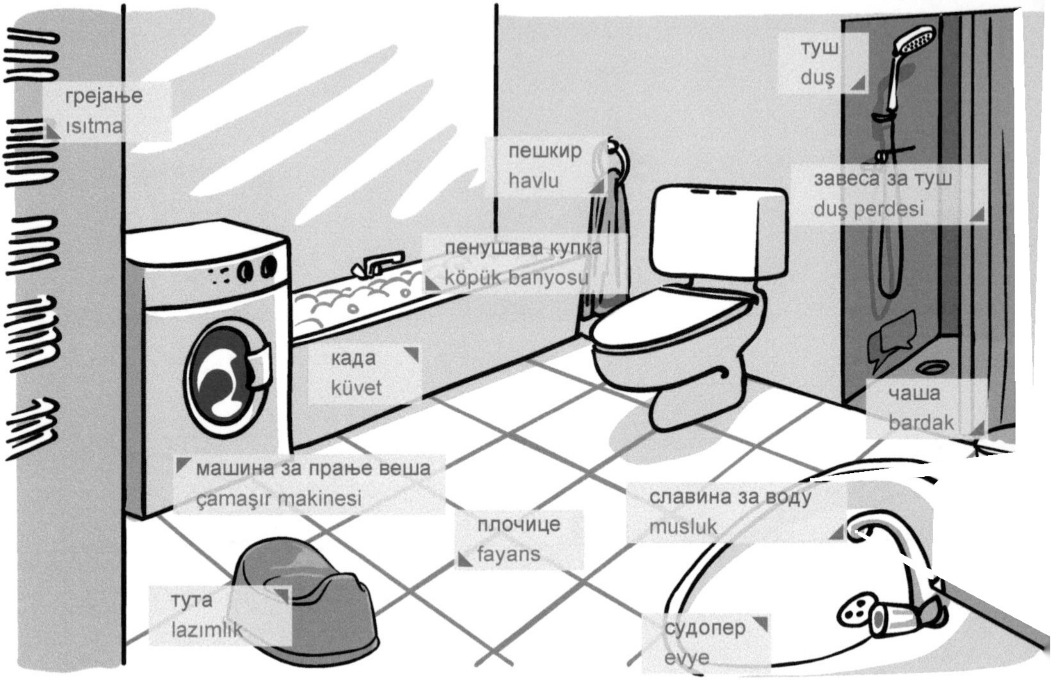

грејање
ısıtma

туш
duş

пешкир
havlu

завеса за туш
duş perdesi

пенушава купка
köpük banyosu

када
küvet

чаша
bardak

машина за прање веша
çamaşır makinesi

славина за воду
musluk

плочице
fayans

тута
lazımlık

судопер
evye

**тоалет**

tuvalet

**чучавац**

alaturka tuvalet

**бидет**

bide

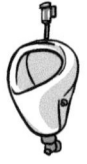

**писоар**

pisuvar

**тоалетни папир**

tuvalet kağıdı

**четка за тоалет**

tuvalet fırçası

четкица за зубе

diş fırçası

паста за зубе

diş macunu

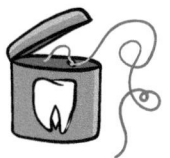

конац за зубе

diş ipi

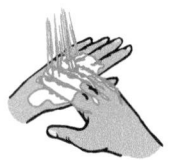

прати

yıkamak

туш ручица

duş başlığı

туш за прање интимних делова

duş başlığı şeklinde taharet musluğu

лавор

küvet

четка за прање леђа

banyo fırçası

сапун

sabun

гел за туширање

duş jeli

шампон

şampuan

крпа за прање

banyo lifi

одвод

gider

крема

krem

дезодоранс

deodorant

огледало
ayna

козметичко огледало
el aynası

бријач
jilet

пена за бријање
tıraş köpüğü

лосион за после бријања
tıraş losyonu

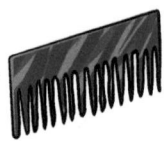

чешаљ
tarak

четка
fırça

фен за косу
saç kurutma makinesi

спреј за косу
saç spreyi

шминка
makyaj

руж за усне
ruj

лак за нокте
tırnak cilası

вата
pamuk

маказе за нокте
tırnak makası

парфем
parfüm

козметичка торбица

makyaj çantası

столица

tabure

вага

tartı

огртач

bornoz

рукавице за чишћење

lastik eldiven

тампон

tampon

уложак

kadın pedi

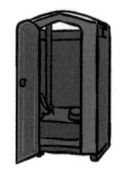

хемијски тоалет

kimyevi tuvalet

# çocuk odası

будилник
çalar saat
плишана играчка
peluş oyuncak
ауто играчка
oyuncak araba
звечка
çıngırak
кућица за лутке
bebek evi
поклон
hediye

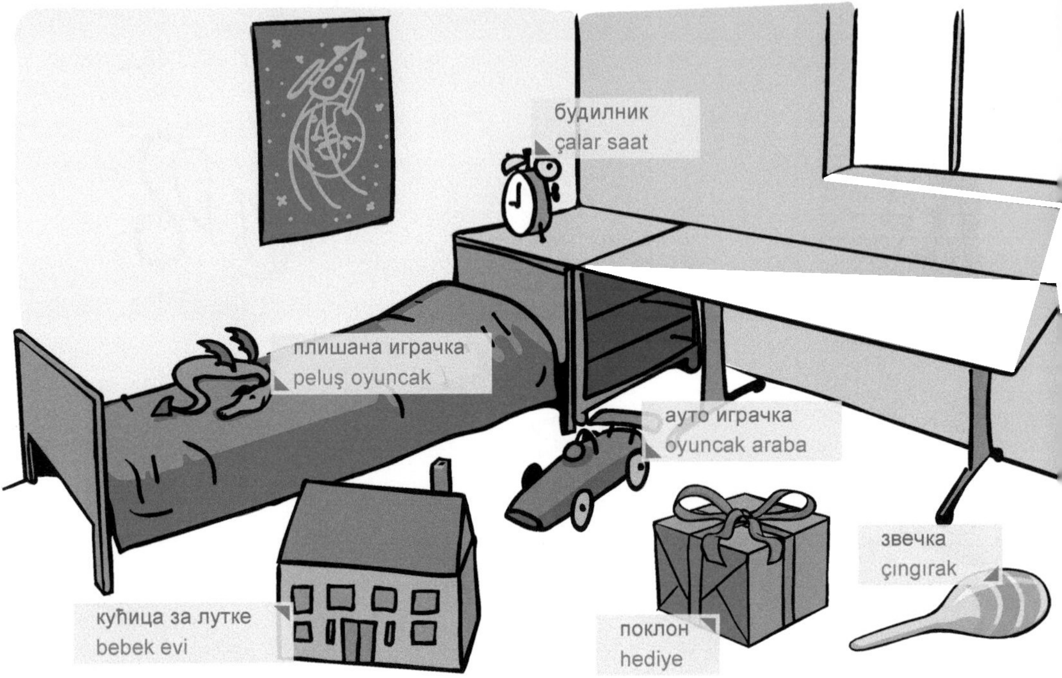

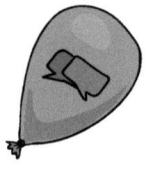

балон

balon

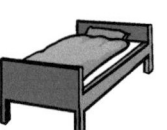

кревет

yatak

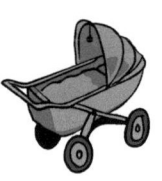

дјечија колица

bebek arabası

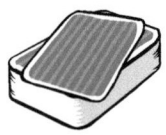

игра са картама

kart destesi

слагалица

yapboz

SUPER
MEGA

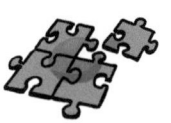

стрип

çizgi roman

лего коцкице

lego tuğlaları

коцкице за слагање

lego blokları

акциони јунак

aksiyon figürü

бенкица за бебе

zıbın

фризби

frizbi

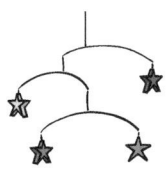

висеће играчке

dönence

друштвене игре

masa oyunu

коцка

zar

минијатурна жељезница

model tren seti

дуда

emzik

забава

parti

сликовница

resimli kitap

лопта

top

лутка

oyuncak bebek

играти

oynamak

пешчаник

kum havuzu

љуљачка

salıncak

играчка

oyuncaklar

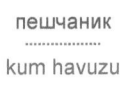

конзола за игре

video oyun konsolu

трицикл

üç tekerlekli bisiklet

теди

oyuncak ayı

ормар

gardırop

## kıyafet

кратке чарапе

çorap

чарапе

külotlu çorap

хулахопке

tayt

шал
eşarp

кишобран
şemsiye

каиш
kemer

мајица
tişört

чизме
bot

папуче
terlik

патике
spor ayakkabı

сандале
sandalet

ципеле
ayakkabı

гумене чизме
lastik çizme

гаћице
külot

грудњак
sütyen

поткошуља
yelek

одећа - kıyafet

45

боди

dar bluz

панталоне

pantolon

фармерке

kot pantolon

сукња

etek

блуза

bluz

кошуља

gömlek

џемпер

kazak

џемпер с капуљачом

süveter

сако

blazer

јакна

ceket

мантил

mont

кабаница

yağmurluk

костим

kostüm

хаљина

elbise

венчаница

gelinlik

**одело**

takım elbise

**спаваћица**

gecelik

**пиџама**

pijama

**сари**

sari

**марама за главу**

baş örtüsü

**турбан**

türban

**бурка**

burka

**кафтан**

kaftan

**абаја**

çarşaf

**купаћи костим**

mayo

**купаће гаћице**

erkek mayosu

**кратке панталоне**

şort

**одећа за тренинг**

eşofman

**кецеља**

önlük

**рукавице**

eldiven

дугме

düğme

наочаре

gözlük

наруквица

bilezik

огрлица

kolye

прстен

yüzük

наушница

küpe

капа

kep

вешалица

portmanto

шешир

şapka

кравата

kravat

патент затварач

fermuar

кацига

kask

нараменице

pantolon askısı

школска униформа

okul forması

униформа

üniforma

подбрадак

mama önlüğü

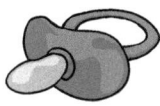

дуда

emzik

пелена

bebek bezi

сервер
sunucu

ормар за списе
dosya dolabı

штампач

папир
kağıt

монитор
monitör

писаћи сто
masa

миш
fare

тастатура

кошара за папир
kağıt çöp kutusu

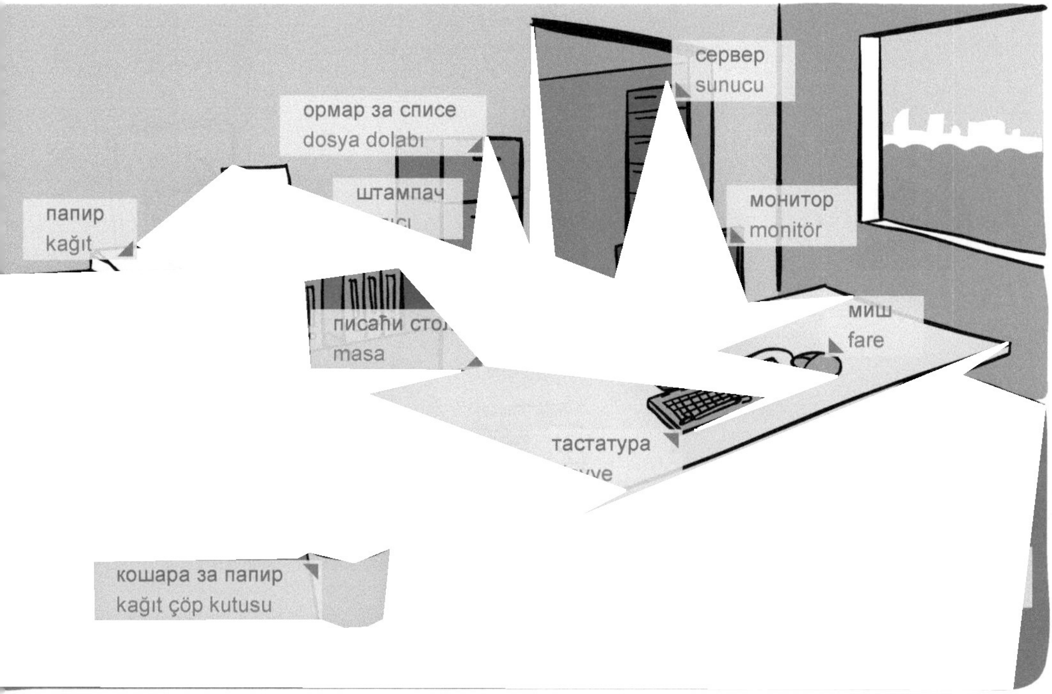

шалица за каву

kahve fincanı

калкулатор

hesap makinesi

интернет

internet

лаптоп

dizüstü

писмо

mektup

порука

mesaj

мобилни телефон

cep telefonu

мрежа

ağ

уређај за копирање

fotokopi makinesi

софтвер

yazılım

телефон

telefon

утичница

priz

факс

faks makinesi

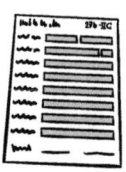

формулар

form

документ

belge

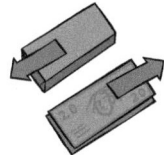

куповати

satın almak

платити

ödemek

трговати

ticaret yapmak

новац

para

долар

dolar

евро

avro

јен

yen

рубља

ruble

швајцарски франак

İsviçre frangı

ренминдби јуан

Çin yuanı

рупија

rupi

аутомат за новац

kasa

мењачница

döviz bürosu

злато

altın

сребро

gümüş

нафта

petrol

енергија

enerji

цена

fiyat

уговор

kontrat

порез

vergi

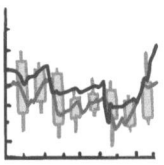

деонице

menkul değer

радити

çalışmak

службеник

işveren

послодавац

işçi

фабрика

fabrika

продавница

mağaza

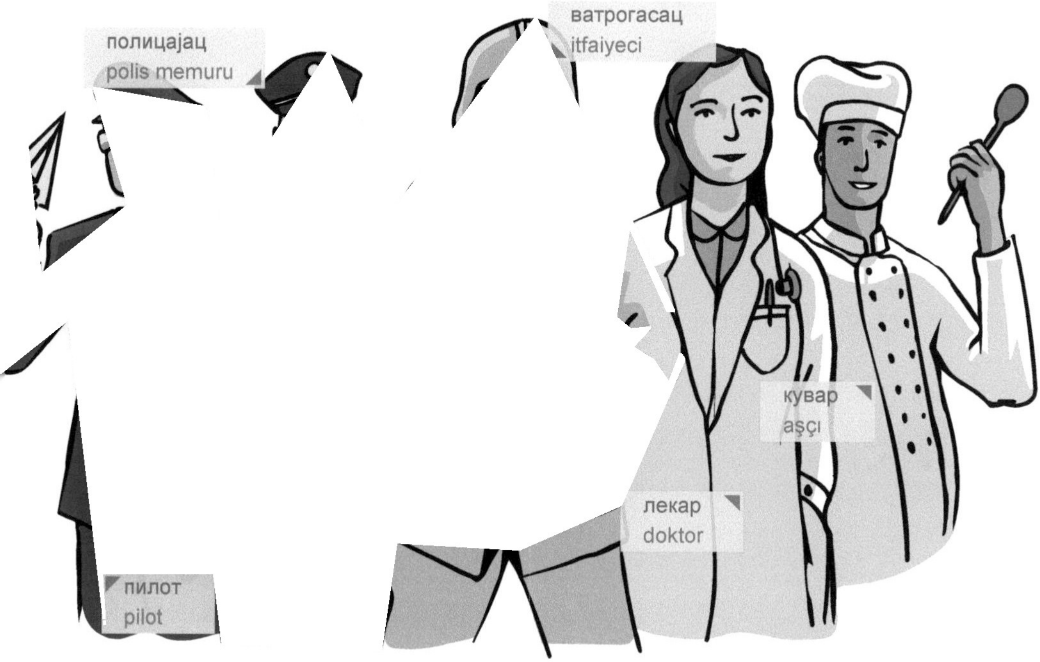

полицајац
polis memuru

ватрогасац
itfaiyeci

кувар
aşçı

лекар
doktor

пилот
pilot

вртлар

bahçıvan

столар

marangoz

кројачица

terzi

судија

hakim

хемичар

kimyager

глумац

aktör

возач аутобуса

otobüs şoförü

возач таксија

taksi şoförü

рибар

balıkçı

чистачица

temizlikçi

кровопокривач

çatı ustası

конобар

garson

ловац

avcı

сликар

boyacı

пекар

fırıncı

електричар

elektrikçi

грађевински радник

inşaatçı

инжењер

mühendis

месар

kasap

лимар

muslukçu

поштар

postacı

војник

asker

архитекта

mimar

благајник

kasiyer

цвећар

çiçekçi

фризер

kuaför

кондуктер

kondüktör

механичар

tamirci

капетан

kaptan

зубар

dişçi

научник

bilim insanı

раби

haham

имам

imam

монах

keşiş

свећеник

rahip

# aletler

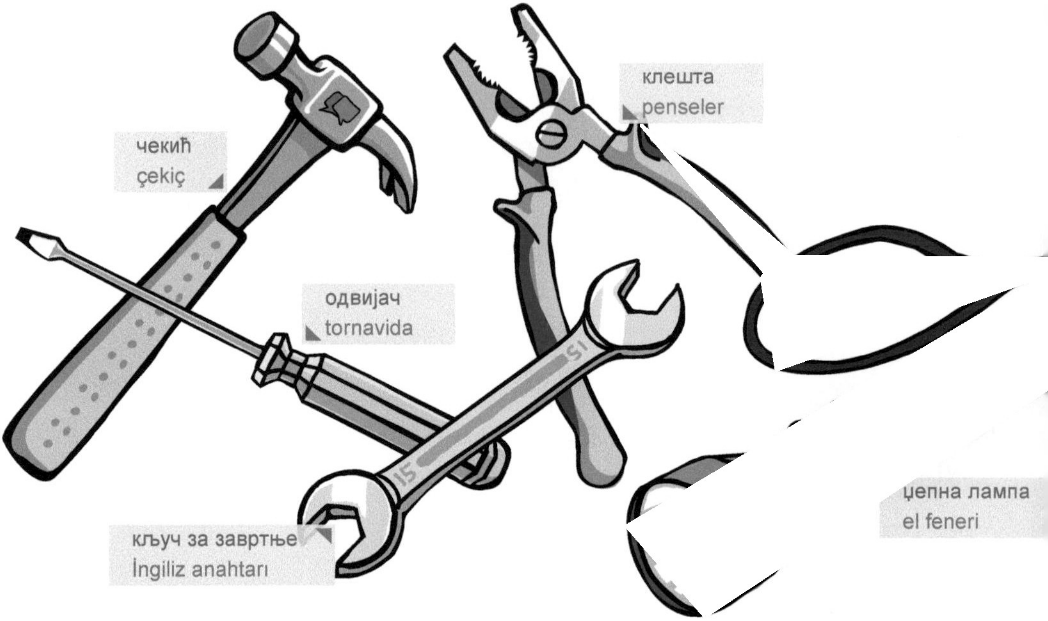
чекић
çekiç
клешта
penseler
одвијач
tornavida
кључ за завртње
İngiliz anahtarı
џепна лампа
el feneri

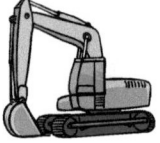

багер

kazı makinesi

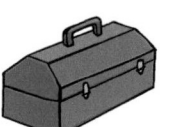

кутија за алат

alet çantası

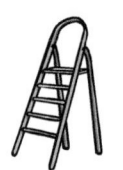

мердевине

merdiven

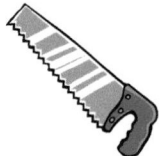

пила

testere

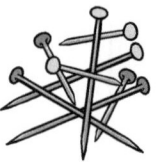

ексер

çiviler

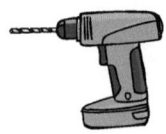

бушилица

matkap

поправити
tamir etmek

лопата
kürek

до ђавола!
Kahretsin!

лопатица
faraş

лонац за боју
boya tenekesi

завртањи
vidalar

## müzik enstrümanı

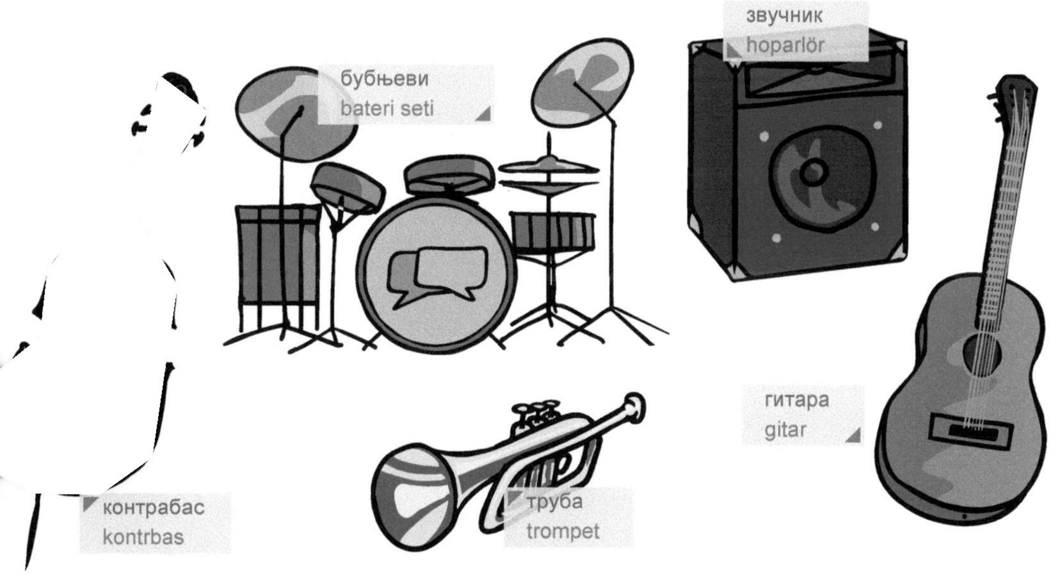

звучник
hoparlör

бубњеви
bateri seti

контрабас
kontrbas

труба
trompet

гитара
gitar

**клавир**

piyano

**виолина**

keman

**бас**

basgitar

**тимпани**

timpani

**удараљке за бубњеве**

bateri

**типке клавира**

klavye

**саксофон**

saksafon

**флаута**

flüt

**микрофон**

mikrofon

улаз
giriş

храна за животиње
hayvan yemi

панда
panda

животиње

hayvanlar

слон

fil

кенгур

kanguru

носорог

gergedan

горила

goril

медвед

ayı

камила
deve

ној
deve kuşu

лав
aslan

мајмун
maymun

фламинго
flamingo

папагај
papağan

поларни медвед
kutup ayısı

пингвин
penguen

ајкула
köpek balığı

паун
tavus kuşu

змија
yılan

крокодил
timsah

чувар у зоолошком врту
hayvanat bahçesi görevlisi

туљан
fok

јагуар
jaguar

пони

midilli atı

леопард

leopar

нилски коњ

su aygırı

жирафа

zürafa

орао

kartal

дивља свиња

yaban domuzu

риба

balık

корњача

kaplumbağa

морж

mors

лисица

tilki

газела

ceylan

амерички ногомет
amerikan futbolu

бициклизам
bisiklete binme

тенис
tenis

кошарка
basketbol

пливање
yüzme

бокс
boks

хокеј на леду
buz hokeyi

фудбал
futbol

бадминтон
badminton

атлетика
atletizm

рукомет
hentbol

скијање
kayak

поло
polo

скочити
atlamak

загрлити
sarılmak

смејати се
gülmek

певати
söylemek

ићи
yürümek

молити се
dua etmek

пољубити
öpmek

сањати
hayal etmek

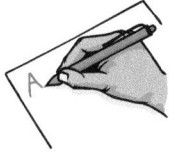

писати
yazmak

цртати
çizmek

показати
göstermek

гурати
itmek

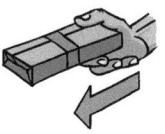

дати
vermek

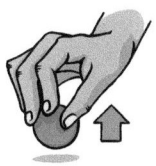

узети
almak

имати

sahip olmak

чинити

yapmak

бити

olmak

стојати

ayakta durmak

трчати

koşmak

повлачити

çekmek

бацити

atmak

падати

düşmek

лежати

yalan söylemek

чекати

beklemek

носити

taşımak

седити

oturmak

облачити

giyinmek

спавати

uyumak

пробудити се

uyanmak

гледати

bakmak

плакати

ağlamak

миловати

vurmak

чешљати

taramak

говорити

konuşmak

разумети

anlamak

питати

sormak

слушати

dinlemek

пити

içmek

јести

yemek

поспремити

düzenlemek

волети

sevmek

кухати

pişirmek

возити

sürmek

летети

uçmak

пловити

denize açılmak

рачунати

hesapla

читати

okumak

учити

öğrenmek

радити

çalışmak

венчати се

evlenmek

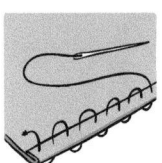

шити

dikmek

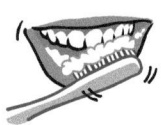

прати зубе

diş fırçalamak

убити

öldürmek

пушити

sigara içmek

послати

yollamak

бака
büyükanne

деда
büyükbaba

отац
baba

мајка
anne

беба
bebek

ќherka
kız

син
oğul

гост
misafir

тетка
teyze

ујак, стриц
amca

брат
erkek kardeş

сестра
kız kardeş

# vücut

чело
alın
око
göz
лице
yüz
брада
çene
прст
parmak
рука
el
груди
göğüs
рука
kol
раме
omuz
нога
bacak


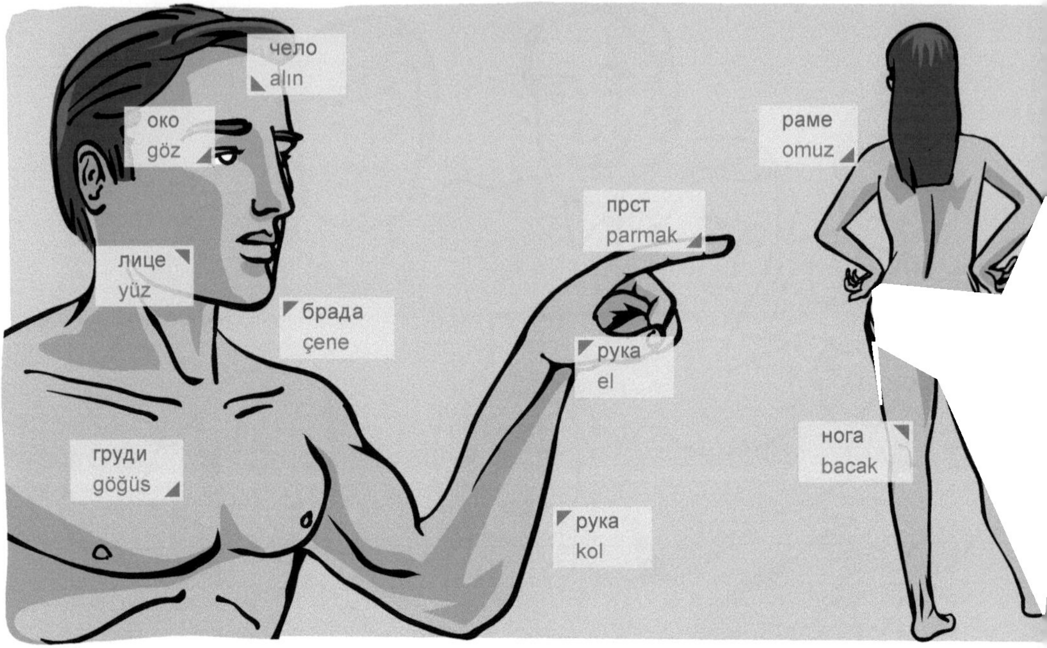

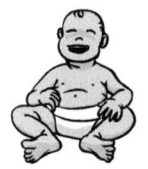

беба

bebek

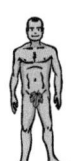

мушкарац

adam

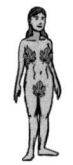

жена

kadın

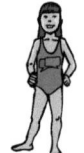

девојчица

kız

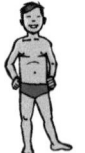

дечак

erkek çocuk

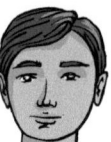

глава

baş

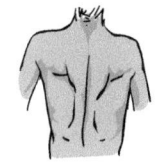

леђа
........................
sırt

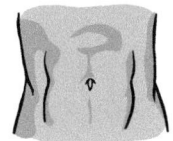

стомак
........................
karın

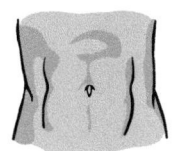

пупак
........................
göbek

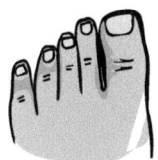

ножни прст
........................
ayak parmağı

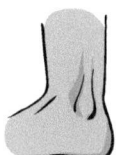

пета
........................
topuk

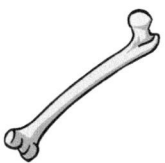

кост
........................
kemik

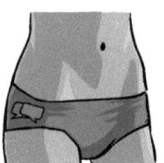

кукови
........................
kalça

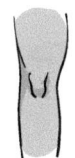

колено
........................
diz

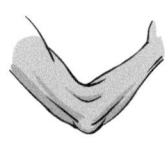

лакат
........................
dirsek

нос
........................
burun

задњица
........................
kalça

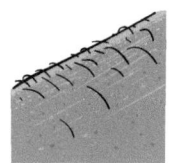

кожа
........................
deri

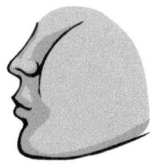

образ
........................
yanak

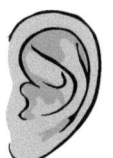

уво
........................
kulak

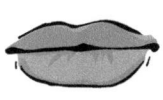

усна
........................
dudak

уста

ağız

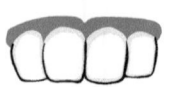

зуб

diş

језик

dil

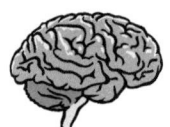

мозак

beyin

срце

kalp

мишић

kas

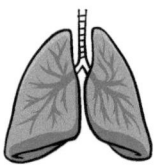

плућа

akciğer

јетра

karaciğer

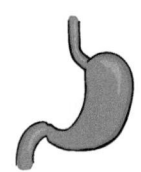

желудац

mide

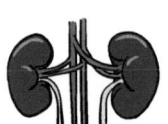

бубрези

böbrekler

полни однос

seks

кондом

prezervatif

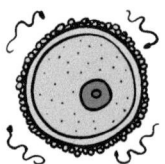

јајна ћелија

yumurtalık

сперма

sperm

трудноћа

hamilelik

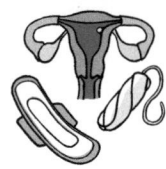

менструација

regl

вагина

vajina

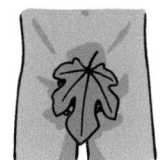

пенис

penis

обрва

kaş

коса

saç

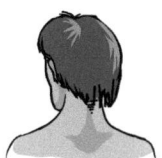

врат

boyun

# hastane

болница
hastane
болничко возило
ambulans
инвалидска колица
tekerlekli sandalye
лом
kırık

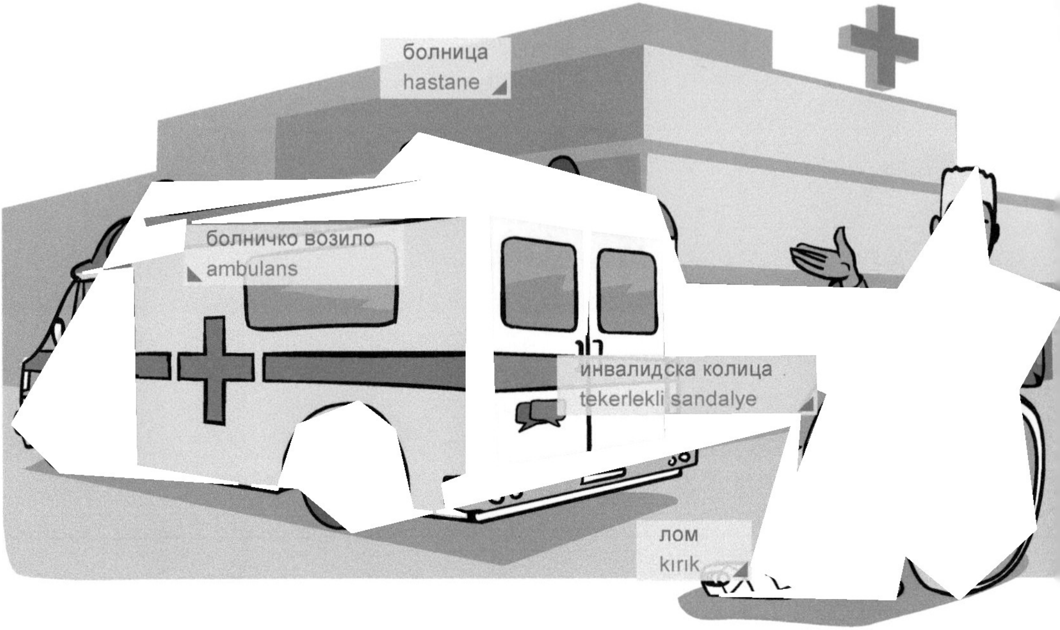

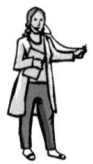

лекар

doktor

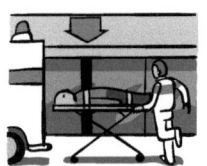

хитна медицинска служба

acil servis

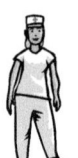

медицинска сестра

hemşire

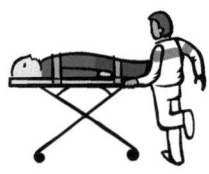

хитни случај

acil

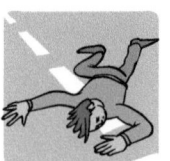

несвест

baygın

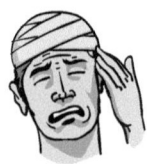

бол

acı

повреда

yaralanma

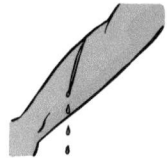

крварење

kanama

срчани удар

kalp krizi

удар

felç

алергија

alerji

кашаљ

öksürük

грозница

ateş

грипа

grip

пролив

ishal

главобоља

baş ağrısı

рак

kanser

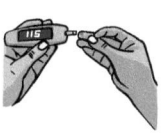

дијабетес

şeker hastalığı

хирург

cerrah

скалпел

neşter

операција

operasyon

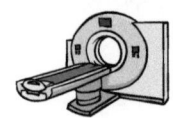

цт

bilgisayarlı tomografi

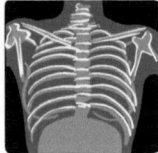

рентген

röntgen

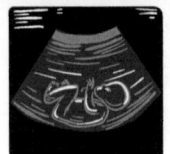

ултразвук

ultrason

маска

yüz maskesi

болест

hastalık

чекаона

bekleme odası

штака

koltuk değneği

фластер

yara bandı

завој

bandaj

ињекција

enjeksiyon

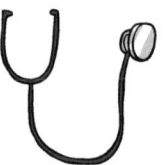

стетоскоп

steteskop

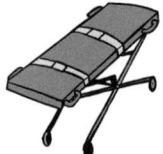

носила

sedye

термометар

tıbbi termometre

рођење

doğum

прекомерна тежина

fazla kilo

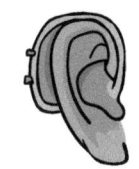

слушни апарат

işitme cihazı

средство за дезинфекцију

dezenfektan

инфекција

enfeksiyon

вирус

virüs

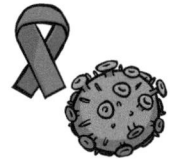

хив / аидс

HIV / AIDS

медицина

ilaç

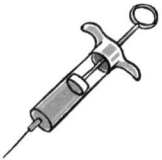

вакцинација

aşı

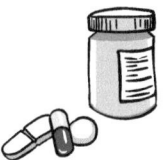

таблете

tablet

пилула

hap

хитни позив

acil çağrı

уређај за мерење притиска

tansiyon aleti

болесно / здраво

hasta / sağlıklı

помоћ!

İmdat!

аларм

alarm

насртај

darp

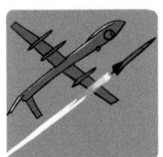

напад

saldırı

опасност

tehlike

излаз у случају нужде

acil çıkış

пожар!

Yangın!

противпожарни апарат

yangın tüpü

незгода

kaza

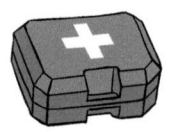

кутија прве помоћи

ilk yardım çantası

сос

imdat

полиција

polis

Европа

Avrupa

Северна Америка

Kuzey Amerika

Јужна Америка

Güney amerika

Африка

Afrika

Азија

Asya

Аустралија

Avustralya

Атлантик

Atlantik

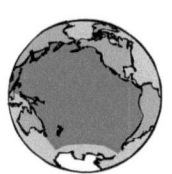

Пацифик

Pasifik

Индијски океан

Hint Okyanusu

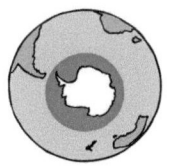

Антарктички океан

Antarktika Okyanusu

Арктички океан

Arktik Okyanusu

Северни рол

Kuzey Kutbu

Јужни рол

Güney Kutbu

Антарктик

Antarktika

земља

dünya

земља

kara

море

deniz

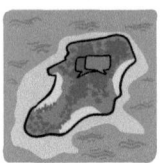

оток

ada

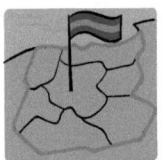

нација

ulus

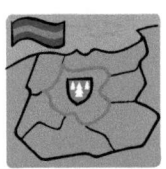

држава

ülke

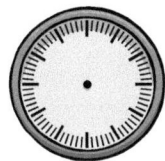

бројчаник сата
........................
kadran

сатна казаљка
........................
akrep

минутна казаљка
........................
yelkovan

секундна казаљка
........................
saniye ibresi

Колико је сати?
........................
Saat kaç?

дан
........................
gün

време
........................
zaman

сада
........................
şimdi

дигитални сат
........................
dijital saat

минута
........................
dakika

час
........................
saat

понедељак
Pazartesi

**MO**

среда
Çarşamba

**W**

петак
Cuma

**FR**

**TU**

**TH**

**SA**

уторак
Salı

субота
Cumartesi

**SO**

четвртак
Perşembe

недеља
Pazar

jуче
dün

данас
bugün

сутра
yarın

jутро
sabah

подне
öğle

вече
akşam

радни дани
iş günleri

викенд
hafta sonu

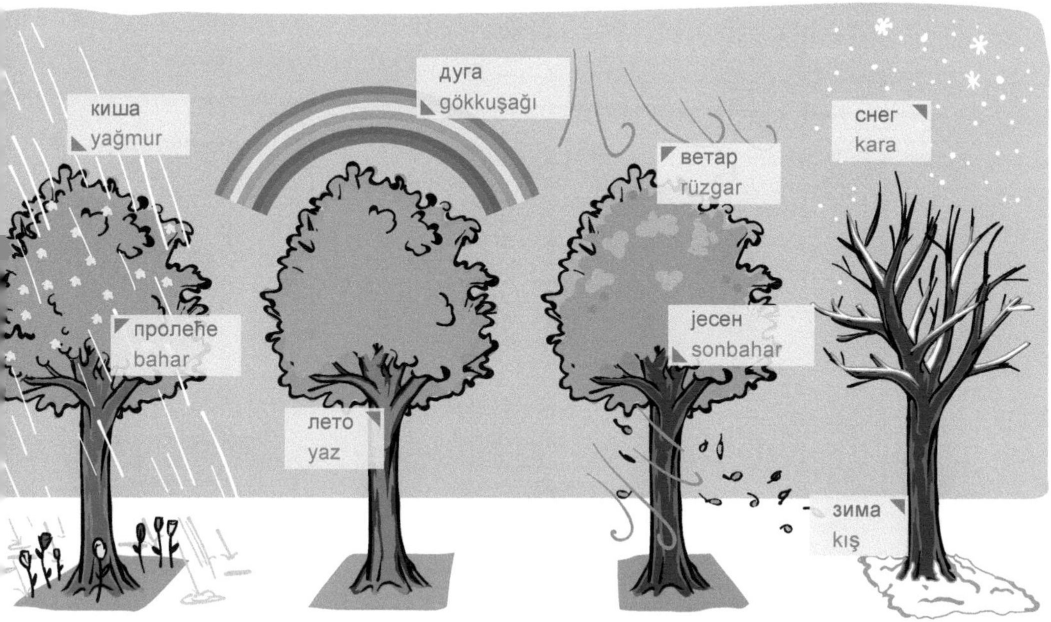

киша
yağmur
дуга
gökkuşağı
снег
kara
ветар
rüzgar
пролеће
bahar
јесен
sonbahar
лето
yaz
зима
kış

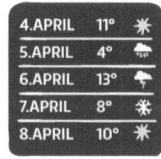

4.APRIL 11°
5.APRIL 4°
6.APRIL 13°
7.APRIL 8°
8.APRIL 10°

етеоролошка прогноза

hava durumu tahmini

F
C
120
90
60
30
0
-30
40
30
20
10
0
-10
-20

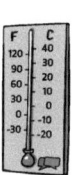

термометар

termometre

сунчана светлост

güneş ışığı

облак

bulut

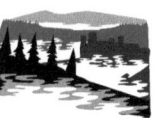

магла

sis

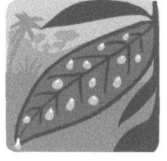

влажност ваздуха

nem

муња

шимшек

грмљавина

gök gürültüsü

олуја

fırtına

туча

dolu

монсун

muson

поплава

sel

лед

buz

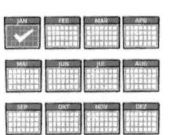

јануар

Ocak

фебруар

Şubat

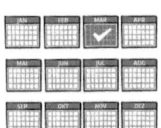

март

Mart

април

Nisan

мај

Mayıs

јуни

Haziran

јули

Temmuz

август

Ağustos

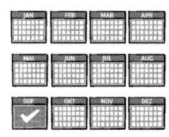

септембар
................
Eylül

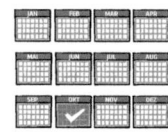

октобар
................
Ekim

новембар
................
Kasım

децембар
................
Aralık

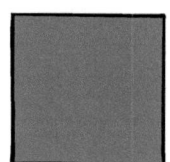

круг
................
daire

квадрат
................
kare

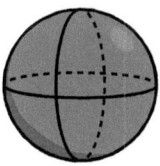

правоугао
................
dikdörtgen

троугао
................
üçgen

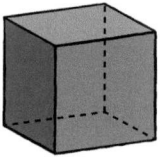

кугла
................
küre

коцка
................
küp

бела

beyaz

жута

sarı

наранџаста

turuncu

ружичаста

pembe

црвена

kırmızı

љубичаста

mor

плава

mavi

зелена

yeşil

смеђа

kahverengi

сива

gri

црна

siyah

много / мало

çok / az

љутито / мирно

kızgın / sakin

лепо / ружно

güzel / çirkin

почетак / крај

başlangıç / son

велико / малено

büyük / küçük

светло / тамно

parlak / karanlık

брат / сестра

rkek kardeş / kız kardeş

чисто / прљаво

temiz / kirli

потпуно / непотпуно

tamam / eksik

дан / ноћ

gün / gece

мртво / живо

ölü / canlı

широко / уско

geniş / dar

јестиво / нејестиво

yenilebilir / yenilemez

зло / добро

kötü / iyi

узбуђено / досадно

heyecanlı / sıkılmış

дебело / мршаво

şişman / zayıf

на почетку / на крају

ilk / son

пријатељ / непријатељ

dost / düşman

пуно / празно

dolu / boş

тврдо / мекано

sert / yumuşak

тешко / лагано

ağır / hafif

глад / жеђ

açlık / susuzluk

болесно / здраво

hasta / sağlıklı

илегално / легално

yasa dışı / yasal

паметно / глупо

zeki / aptal

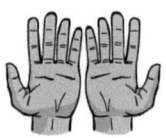

лево / десно

sol / sağ

близу / далеко

yakın / uzak

ново / половно

yeni / kullanılmış

ништа / нешто

hiçbir şey / bir şey

старо / младо

yaşlı / genç

укључено / искључено

açma / kapama

отворено / затворено

açık / kapalı

тихо / гласно

sessiz / gürültülü

богато / сиромашно

zengin / fakir

тачно / погрешно

doğru / yanlış

храпаво / глатко

pürüzlü / düz

тужно / сретно

üzgün / mutlu

кратко / дуго

kısa / uzun

полако / брзо

yavaş / hızlı

мокро / сухо

ıslak / kuru

топло / хладно

sıcak / serin

рат / мир

savaş / barış

| **0** | **1** | **2** |
|---|---|---|
| нула | jедан | два |
| sıfır | bir | iki |

| **3** | **4** | **5** |
|---|---|---|
| три | четири | пет |
| üç | dört | beş |

| **6** | **7** | **8** |
|---|---|---|
| шест | седам | осам |
| altı | yedi | sekiz |

| **9** | **10** | **11** |
|---|---|---|
| девет | десет | jеданаест |
| dokuz | on | on bir |

**12**

дванаест

on iki

**13**

тринаест

on üç

**14**

четрнаест

on dört

**15**

петнаест

on beş

**16**

шестнаест

on altı

**17**

седамнаест

on yedi

**18**

осамнаест

on sekiz

**19**

деветнаест

on dokuz

**20**

двадесет

yirmi

**100**

стотину

yüz

**1.000**

хиљаду

bin

**1.000.000**

милион

milyon

енглески

İngilizce

амерички енглески

Amerikan İngilizcesi

мандарински кинески

Çince (Mandarin)

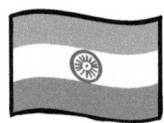

хиндски

Hintçe

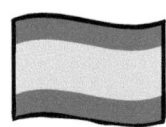

шпански

İspanyolca

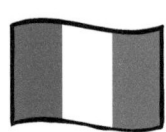

француски

Fransızca

арапски

Arapça

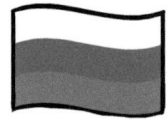

руски

Rusça

португалски

Portekizce

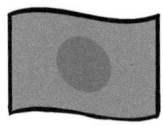

бенгалски

Bengalce

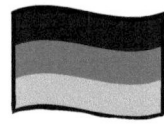

немачки

Almanca

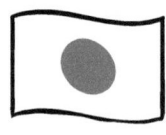

јапански

Japonca

ja
ben

ти
sen

он / она / оно
o

ми
biz

ви
siz

они
onlar

Ко?
kim?

Шта?
ne?

Како?
nasıl?

Где?
nerede?

Када?
ne zaman?

HELLO, I AM

име
isim

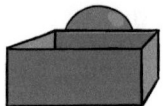

иза

arkasında

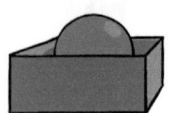

у

içinde

испред

önünde

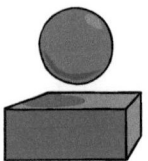

преко

üzerinde

на

üstünde

испод

altında

поред

yanında

између

arasında

место

yer